Elisabeth Zöller · Fides Friedeberg

Der singende Ritter

Elisabeth Zöller

Der singende Ritter

Mit Bildern von Fides Friedeberg

Hase und Igel®

Für Lehrkräfte gibt es zu diesem Buch
ausführliches Begleitmaterial beim Hase und Igel Verlag.

MIX
Papier aus verantwor-
tungsvollen Quellen
FSC® C043106

© 2011/2021 Hase und Igel Verlag GmbH, München
www.hase-und-igel.de
Lektorat: Patrik Eis, Verena Euler
Druck: Grafisches Centrum Cuno GmbH & Co. KG

ISBN 978-3-86316-155-2
2. Auflage 2022

Inhalt

1. Kapitel
Ritter Richard
und sein Drachensteiner Land

„Oh, ich liebe Frauen, Kinder,
Männer, Blumen, Berge, Rinder.
Singe für den neuen Tag!
Was er uns wohl bringen mag?"

Das sang Ritter Richard von Drachenstein jeden
Morgen dem Tag entgegen. Er schaute dabei
glücklich von der Burgmauer hinab auf seine
Dörfer und Felder. Von unten winkten ihm ein
paar Bauern zu. Wie zufrieden waren sie mit
„ihrem" Ritter! Und wie zufrieden war er mit ihnen!
Ritter Richard war wirklich ein besonderer
Ritter: Er lebte in Frieden auf seiner schönen
Burg Drachenstein. Er besuchte seine Dörfer und
Bauernhöfe oft und überlegte mit den Einwohnern
gemeinsam, was man noch besser machen
könnte. Er passte auf sein Land wirklich gut auf.
Deshalb war es das fröhlichste und reichste Land
in der ganzen Gegend.

Nur wenn Ritter Richard über das Tal hinweg zur Burg Rattenfels blickte, dann wurde ihm angst und bange. Rasso von Rattenfels war ein überaus strenger und ungerechter Burgherr.

Wenn die Ernte schlecht ausfiel, bestrafte er seine Leute hart. Er nahm Geld, Getreide und Vieh, wie er gerade wollte. Alle zitterten vor ihm.

Auch Ritter Richard. Denn Rasso von Rattenfels konnte kämpfen! Und genau das konnte Ritter Richard nicht. Wenn er an Turniere dachte, bekam er weiche Knie. Dabei musste ein richtiger Ritter doch kämpfen können. Das wusste er ganz genau. Aber er konnte nicht kämpfen. Das wusste er noch viel genauer. Stattdessen dichtete er lieber und sang lustige Lieder. Das machte ihm viel Spaß und darin war er gut.

Und noch etwas machte er mit großer Leidenschaft: Ritter Richard aß schrecklich gern kleine Würstchen, viele kleine Würstchen. Die waren so lecker! Aber danach saß sein Wams ganz straff und platzte fast.

Außerdem war Ritter Richard leider furchtbar unordentlich. Er ließ am liebsten alles einfach hinter sich liegen. Manchmal räumte das Burgfräulein Amalia, seine geliebte Nichte, heimlich seine Schlafkammer auf, damit er nachts nicht über seine eigenen Sachen stolperte.

2. Kapitel
Ein Brief mit Folgen

Ritter Richard schaute oft den Sonnenuntergang an. Mit einem Würstchen in der einen Hand und seinem Abendtrank in der anderen Hand, stand er auf der Burgmauer. Es war ein wunderbarer Anblick, wie die Sonne hinter den Bergen verschwand.

Eines Abends meldete sein treuer Knappe Fridolin einen berittenen Boten.

„Herzlich willkommen!", rief Ritter Richard. Er hielt dem Boten einen Becher und einen Teller voll kleiner Würstchen entgegen.

Doch der Bote lehnte beschämt ab und reichte ihm eine Nachricht. Einen Brief von Ritter Rasso von Rattenfels! Das konnte nichts Gutes bedeuten. Was wollte er von ihm?

Ritter Richard las und wurde blass.

„Ich, der große und starke Ritter Rasso von Rattenfels", stand in dem Brief, „fordere den dicken, kleinen Ritter Richard von Drachenstein zu einem Turnier heraus. Es soll in den Disziplinen

Lanzenstoßen, Schwertkampf und Bogenschießen entschieden werden. Wenn der plärrende Maulaffe und lahme Fettmops Richard nicht zu feige ist, soll er diese Einladung annehmen. Das Turnier findet heute in vier Wochen zu Ehren des fürstlichen Burgfräuleins Fiona statt. Der Sieger ist der mutigste Ritter aller Zeiten. Außerdem soll er alle Ländereien des Besiegten bekommen. Auch die Menschen, sogar die Kinder, sollen ihm gehören. Der Verlierer darf nur seine Burg behalten."

Das Burgfräulein Fiona war Ritter Rassos Tochter. Sie war für ihre Schönheit im ganzen Land bekannt – aber noch mehr für ihre Habgier. Auf die blühenden Ländereien von Ritter Richard hatten sie und ihr Vater schon lange ein Auge geworfen.

Die Aufforderung zum Kampf traf Ritter Richard wie ein Schlag. Zuerst saß er einen Tag und eine Nacht auf seinem Hocker vor dem kalten Kamin und grübelte. Er dachte so angestrengt nach, dass er die Kälte gar nicht spürte. Selbst der Appetit auf Würstchen war ihm vergangen. Lanzenstoßen, Schwertkampf und Bogenschießen! Er konnte an nichts anderes mehr denken. Die Lanze war ihm schon immer viel zu schwer gewesen. Sein Schwert hatte er seinem Neffen Kaspar geschenkt. Und mit Pfeil und Bogen traf er ein Ziel nicht einmal, wenn es nur einen Meter entfernt war. Aber er durfte nicht ver- lieren! Sonst waren seine Leute verlo- ren. Er musste eine Lösung finden.

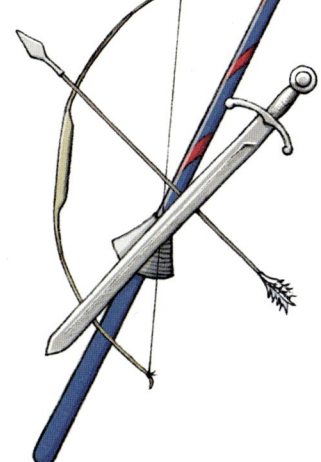

Am zweiten Tag lief er in der Burg auf und ab. Immer wieder las er den Brief. Sollte er die Einladung einfach nicht annehmen? Nein, das war gegen die Ehre eines Ritters. Er seufzte und raufte sich ratlos die Haare. Aber er schwieg. Er wagte es nicht, jemandem von dem Brief zu erzählen.

Burgfräulein Amalia und Knappe Fridolin machten sich schon Sorgen um ihn. Was war denn nur los? Warum sprach Richard nicht mit ihnen?

Schließlich entriss Amalia ihm den Brief und las ihn laut vor. Dann rief sie: „Wir müssen handeln!"

„Ja, sofort!", bestätigte Fridolin. „Wir wollen nicht in die Hände des schrecklichen Rasso von Rattenfels fallen."

3. Kapitel
Einer für alle, alle für einen

Gleich am nächsten Morgen sollte für Ritter Richard das Training beginnen. Fridolin und Amalia wollten ihm helfen, kämpfen zu lernen. Das war ihre einzige Chance. Der treue Knappe Fridolin sattelte das Pferd Brunellus und half Richard in die Rüstung.

Das Burgfräulein Amalia schaute ihnen zu. Immer wieder schüttelte sie den Kopf. Richard sah wirklich nicht aus wie ein richtiger Ritter: Sein Helm war gesprungen, die Rüstung verrostet und an seiner Seite baumelte ein Holzschwert. Der Schild fehlte. Er lag irgendwo in seiner Kammer im Durcheinander. Er hatte seine Rüstung ja nicht mehr gebraucht, seit er vom Kaiser zum Ritter geschlagen worden war.

Das war schon viele Jahre her. Auch sein Pferd Brunellus war nicht mehr das jüngste. Es hatte einen runden Bauch und war alles andere als ein Streitross.

„So wird das nichts", sagte Amalia.

„So bestimmt nicht", bestätigte Fridolin. „Wir brauchen Hilfe!" Schnellen Schrittes machte er sich auf den Weg ins Dorf, um die Männer und Frauen um Unterstützung zu bitten.

Noch am selben Abend versammelten sich die Dorfbewohner vor dem großen Burgkamin, in dem jetzt ein wärmendes Feuer loderte. Schließlich konnte man mit kalten Ohren und Füßen schlecht nachdenken.

Burgfräulein Amalia las den Brief allen vor. Ritter Richard war ängstlich und wütend zugleich. Er wusste, dass ihm sein habgieriger Nachbar eigentlich nur seine Besitztümer abluchsen wollte. Und er sorgte sich um die Zukunft seiner treuen Landsleute.

„Ich kann nicht kämpfen", gab er zu, als Amalia geendet hatte.

„Aber du musst!", rief der schlaue Bauer Friedrich.

18

„Genau!", schrie ein anderer aus der Menge.

„Wir helfen dir!", sagte ein Dritter.

„Uns fällt schon was ein", versprach ein Vierter.

Da nickten alle und ein zustimmendes Raunen ging durch den Raum.

„Als Erstes brauchen wir eine neue Rüstung", stellte Fridolin fest.

„Dann ein Turnierpferd", schlug Bauer Friedrich vor. „Mein Bruder, der Pferdewirt vom Drachental, hat ein tolles Ross im Stall. Das wird er uns bestimmt verkaufen."

„Und das Schwert?", fragte Ritter Richard, dessen Stimme bei so viel Unterstützung nicht mehr ganz so ängstlich klang.

„Das wirst du dir von deinem Neffen Kaspar zurückerbitten", sagte Bauer Friedrich bestimmt.

„Und den Schild suchen wir gemeinsam in deinem Chaos. Zusammen finden wir ihn wieder", meinte Amalia. Sie lächelte ihn aufmunternd an.

Ritter Richard seufzte. Ja, versuchen musste er es. Die Hilfe der Drachensteiner machte ihm Mut.

In den darauffolgenden Tagen trugen die Dorfbewohner Eisen, Ringe, Spangen und Silber-
knöpfe zum Dorfschmied. Er
sollte die Sachen einschmelzen
und daraus eine Rüstung für
Ritter Richard schmieden.

Der Schneider begann,
ein neues Prachtgewand
zu schneidern. Schließlich
sollte Ritter Richard nicht
nur im Kampf eine gute Figur
machen, sondern auch auf
dem anschließenden Fest.

Bauer Friedrich besuchte
seinen Bruder in Drachental, um ein Turnierpferd

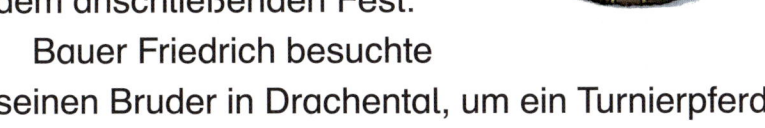

zu besorgen. Und ein Bote war
auf dem Weg zu Kaspar
dem Kämpfer, um ihn auf
die Burg Drachenstein
zu bitten. Denn Kaspar
sollte Ritter Richard
nicht nur sein Schwert
ausleihen. Vor allem
sollte er seinen Onkel

21

im Lanzenstoßen, im Schwertkampf und im Bogenschießen unterrichten. Er hieß schließlich nicht umsonst Kaspar der Kämpfer!

Alle Drachensteiner halfen mit, denn sie mochten Ritter Richard gern. Außerdem kämpfte er ja auch für sie. Sie wussten, was auf dem Spiel stand. Würden sie Rasso in die Hände fallen,

wäre es aus mit dem Leben in Wohlstand und
Glück. Deshalb taten die Drachensteiner alles
für ihren Ritter.

Richard wurde es ganz warm ums Herz. Aber
wenn er an die kommenden Wochen dachte,
brach ihm schon jetzt der Schweiß aus. Um sich
zu stärken, schlich er in die Küche und naschte
Würstchen. Das tat ihm gut. Mhm!

4. Kapitel
Aller Anfang ist schwer ...

Am nächsten Morgen kam Bauer Friedrich zur
Burg. Er führte ein feuriges Ross am Zügel. „Mit
diesem Pferd wirst du jeden Kampf gewinnen",
erklärte er voller Überzeugung.

Kaspar der Kämpfer war auch schon ein-
getroffen. Er stand neben Ritter Richard und
lachte herzlich. „Ein wenig Geschick im Turnier
wäre aber auch von Vorteil", sagte er fröhlich.

Er reichte Richard eine lange
Holzlanze. Und schon begann
das Training. Auf seinem
feurigen Ross sollte Richard
auf Kaspar zureiten und ihn
mit der langen Lanze vom
Pferd stoßen. Doch jedes
Mal, wenn sie aufeinander
zuritten, kniff Ritter Richard
in letzter Sekunde die
Augen zu und wedelte mit
seiner Lanze wild in der
Luft herum.

Da half es auch nicht,
dass Kaspar laut schrie:
„Hier bin ich, Richard!
Mach die Augen auf!"

Nach dem nächsten
Versuch warf Ritter Richard die Lanze entmutigt
zu Boden.

„Oje", seufzte Kaspar, „vielleicht klappt es ja
mit dem Schwertkampf besser." Er überreichte
Richard sein schönes Turnierschwert. Im Burghof
klirrte und schepperte es. Die Klingen schlugen

aufeinander. Ritter Richard bemühte sich. Er gab
wirklich alles – und doch flog sein Schwert schon
bald in hohem Bogen durch die Luft.

Genauso schlimm verlief das Bogenschießen.
Die Zuschauer, die im Burghof das Training
beobachteten, mussten sich in Sicherheit bringen:
Ritter Richard traf alles, nur nicht die Zielscheibe!
Nein, so konnte das nichts werden … Heimlich
schüttelten die Leute die Köpfe.

„Machen wir eine Pause", schlug Kaspar vor.

Die Becher wurden gefüllt und Ritter Richard gab einige Lieder zum Besten. Es waren ganz herrliche Lieder und sie vergaßen alle ihre Sorgen. „Wenn es beim Turnier auf das Singen ankäme", sagte Kaspar lachend, „würdest du bestimmt gewinnen!"

5. Kapitel
Es muss einen Ausweg geben

Eine Woche vor dem Turnier sah es noch immer
nicht viel besser aus. Ritter Richard kniff beim
Lanzenstoßen zwar nicht mehr die Augen zu,
aber er hielt die Waffe im letzten Moment in die
falsche Richtung. Er wollte doch niemanden
verletzen!

Beim Schwertkampf verlor er nicht mehr das
Schwert. Aber ein besonders guter Kämpfer
war er auch durch das Training nicht geworden.
Sein alter Helm hatte mittlerweile so viele Beulen,
dass er ihm kaum noch auf den Kopf passte.
Und seinen Schild hatte er auch noch nicht finden
können.

Eines Abends grübelte Richard mal wieder darüber nach, ob es nicht doch eine andere Lösung gab. Er durfte ja auf seiner Burg wohnen bleiben, selbst wenn er verlor. Aber was wurde dann aus seinen Leuten? Ritter Rasso von Rattenfels würde sie sicher besonders schlecht behandeln. Das konnte Richard nicht ertragen! Er musste einfach gewinnen. Es musste einen Weg geben, diesen starken und fürchterlichen Rasso zu besiegen!

Da hatte er eine Idee. Sie kam ganz langsam und wurde immer größer und größer. Was hatte Kaspar noch mal gesagt? … Ja, ja, so musste es gehen. Das war tatsächlich eine Möglichkeit …

Ritter Richard stand auf und strahlte plötzlich wieder. Voller Aufregung rannte er los in Richtung Bibliothek. „Ich hab's!", hallte es durch die Gänge der Burg. „Wir werden siegen, verlasst euch auf mich!"

Amalia und Fridolin sahen sich fragend an. Was sollte das bedeuten?

In der Bibliothek durchsuchte Richard die Regale. Er blätterte in alten, staubigen Büchern. Er wühlte alle Papiere durch. Wo war nur dieses

Buch? Das dicke, rote Buch? Er konnte es nicht finden. Es gab einfach keine Ordnung in dieser Burg!

Niedergeschlagen lief er in sein Zimmer zurück. Er wollte nur noch schlafen.

Da sah er plötzlich etwas Rotes unter seinem Bett hervorschauen. Ja, das war es! Unter seinem Bett lag das dicke, rote Buch mit den Turnierregeln!

Die Regeln hatten vor langer, langer Zeit Richards Urgroßvater und Rotto von Rattenfels, Rassos Urgroßvater, aufgestellt.

Und neben dem Buch fand Richard sogar noch seinen Schild. Jetzt war alles gut. Er holte sich Würstchen, las bis tief in die Nacht und seufzte zufrieden.

Dann nahm er sich Feder und Papier und
schrieb einen Brief an Rasso von Rattenfels:

Ich, Ritter Richard von Drachenstein, nehme
die Einladung zum Turnier an. Aber nur, wenn
das Turnier den Regeln folgt, die unsere
Urgroßväter aufgestellt haben:
1. Die Ritter müssen sich in einer Disziplin von
einem Kämpfer ihrer Wahl vertreten lassen.
2. Eine der drei Turnierdisziplinen darf gegen
eine andere Disziplin ausgetauscht werden.
3. Das Vortragen eines Liedes zählt genauso
wie ein Kampfgang mit Waffen zu den
Disziplinen.
Ich fordere also, mit einem Freund an der
Seite kämpfen zu dürfen. Außerdem wird das
Bogenschießen durch ein selbst gedichtetes
und selbst vorgetragenes Lied ersetzt.

Am nächsten Morgen ließ er den Brief zu Ritter Rasso bringen. Auf die Antwort brauchte er nicht lange zu warten. Rasso lehnte die Forderung glattweg ab.

„So ein Schuft!", rief das Burgfräulein Amalia empört.

„Was bildet der sich ein?", maulte der Knappe Fridolin wütend.

Ritter Richard ließ den Kopf hängen, fasste aber schnell wieder Mut. Er dachte nach. Und wieder kam ihm ein Gedanke!

„Ich muss mit dem Kaiser sprechen!", platzte es aus ihm heraus.

Der Kaiser zog gerade durchs Land und besuchte Burgen und Städte. Ritter Richard schickte einen Boten, um den Kaiser zu einer Rast auf Burg Drachenstein einzuladen. „Wenn der Kaiser kommt, wird vielleicht doch noch alles gut", sagte er zu sich selbst.

6. Kapitel
Die Entscheidung des Kaisers

Zufällig war der Kaiser gerade in der Nähe des
Drachensteiner Landes. Er kam tatsächlich.
Und mit ihm sein ganzes Gefolge. War das eine
Freude! Das schönste Zimmer, mit Ausblick
auf das üppige Land, war für ihn hergerichtet.
Ein wunderbares Abendessen wurde ihm zu
Ehren aufgetischt. Die leckersten Speisen
und die köstlichsten Weine wurden gereicht.

Und Ritter Richard trug ein selbst verfasstes Gedicht vor.

Beim Essen sprachen sie über das Turnier. „Wenn ich die Herausforderung annehmen soll", meinte Ritter Richard, „dann möchte ich die Bedingungen des Kampfes mitbestimmen."

„Das ist erlaubt, ja, sogar erwünscht", sagte der Kaiser. „Solange die Änderungen den allgemeinen Turnierregeln entsprechen."

Sofort zückte Ritter Richard das dicke, rote Buch, das er bereits neben sich gelegt hatte. Er schlug es auf und zeigte dem Kaiser, was vor langer Zeit von den Urgroßvätern Drachenstein und Rattenfels beschlossen worden war. Dann erklärte er: „Meine Änderungswünsche verletzen keine der Regeln. Das Turnier besteht noch immer aus drei Disziplinen. Nur wird das Bogenschießen gegen einen Gesangsvortrag getauscht. Und bei einer Disziplin lässt man einmal einen Freund für sich kämpfen. Ist das möglich?"

Der Kaiser überlegte eine Weile. Alle Gäste im Saal warteten voller Spannung auf seine Entscheidung. Keiner aß oder trank. Keiner sagte ein Wort.

Der Kaiser wiegte den Kopf. Dann stand er auf und ging umher. Schließlich blieb er stehen und sagte: „Ja, so soll es stattfinden."

Die ganze Gesellschaft applaudierte und jubelte. Burgfräulein Amalia, Knappe Fridolin und Bauer Friedrich schauten sich voller Hoffnung an und Ritter Richard sang glücklich eine Lobeshymne auf den Kaiser.

Der Kaiser wollte gerne bis zum Turnier bleiben. Er ließ ein Schreiben aufsetzen und auf die Burg Rattenfels bringen. Darin teilte er Ritter Rasso seine Entscheidung mit.

Da konnte der Fürchterliche noch so sehr schimpfen und fluchen, auf dem Schreiben war das kaiserliche Siegel. Das musste selbst Rasso von Rattenfels respektieren.

7. Kapitel
Ein Würstchen zu viel

Am letzten Abend vor dem Turnier war die Rüstung endlich fertig. Der Schmied kam auf die Burg, um sie Ritter Richard anzupassen. Schön sah sie aus und der Schmied war sehr stolz.

Doch wie erschrak er, als er Ritter Richards Bäuchlein sah! Das kam bestimmt von den vielen kleinen Würstchen, die er in den letzten Wochen vor lauter Aufregung verputzt hatte. Die neue Rüstung klemmte. Nur unter Ächzen konnte Ritter Richard sich bewegen.

„Es nützt nichts", sagte der Schmied. „Eigentlich müssten wir einen neuen Panzer schmieden. Aber die Zeit haben wir nicht. Also werden wir an den Seiten Ketten einbauen."

„Schaffst du das?", fragte Ritter Richard zitternd.

„Ich werde die Nacht durcharbeiten. Morgen ist deine Rüstung fertig", versicherte der Schmied und eilte in seine Werkstatt.

Und er hielt sein Wort. Als der Morgen ins Land zog, stand er wieder vor dem Burgtor. Die Rüstung

passte nicht nur, sondern kleidete den Ritter vor-
züglich.

„Und ich kann mich richtig gut darin bewegen",
freute sich Ritter Richard. „Durch die kleinen
Ketten ist die Rüstung biegsam und dehnbar.
Ich kann sogar Kniebeugen machen! Danke,
Schmied. So ist es viel besser. Noch nie habe ich
eine so tolle Rüstung gehabt!"

8. Kapitel
Das Turnier

Zusammen gingen Ritter Richard und seine Leute zum Turnierplatz im Tal. Die extra für den Wettbewerb aufgebauten hölzernen Tribünen füllten sich. Die Zuschauer drängten auf ihre Plätze. Sie kamen von überall her, zu Fuß, zu Pferde oder mit dem Karren.

Nicht nur die Drachensteiner eilten herbei, auch die Rattenfelser kamen in Scharen. Das konnte ihnen ihr Herr nicht verwehren. Er wollte es auch gar nicht, denn er war sich seines Erfolgs ganz sicher. Alle sollten ihn siegen sehen.

Auch Burgfräulein Fiona hatte sich hübsch gemacht. Sie hatte sich so zauberhaft gekleidet wie nie zuvor. Alle sollten sie bestaunen. Hochmütig thronte sie neben dem Kaiser. Auf der anderen Seite des Kaisers saß das Burgfräulein Amalia. Fiona hatte nur ein verächtliches Grinsen für sie übrig. Doch obwohl Amalia nur ein schlichtes blaues Kleid anhatte, sah sie bezaubernd aus. Statt Goldschmuck und Funkelsteinen umgaben

sie Liebreiz und Wärme. Im Gegensatz zum kalt-
herzigen Burgfräulein Fiona war sie bei allen
beliebt. Die Drachensteiner grüßten sie herzlich
und sie schenkte jedem ein Lächeln. Auch viele

Rattenfelser mochten sie. Aber aus Angst vor der eifersüchtigen Fiona zeigten sie das nicht.

Der Turnierplatz war mit bunten Tüchern ausgelegt und es wurden Lieder und akrobatische Kunststücke dargeboten. Schließlich wurden die bunten Tücher eingerollt. Die Spannung auf den Rängen stieg. Die Turnierkämpfe konnten beginnen! Es ging um alles oder nichts!

Herolde in schmucken Mänteln, verziert mit den Wappen ihrer Herren, kündigten die beiden Ritter an. „Auf der linken Seite: Ritter Rasso von Rattenfels!" Fanfarenklänge ertönten.

Rasso von Rattenfels ritt auf seinem dunklen Kampfross auf den Turnierplatz. Seine prachtvolle Rüstung glänzte im Licht der Sonne und blendete jeden, der ihn ansah. Bunte Federn zierten seinen Helm

und ein Umhang unterstrich seine mächtige Erscheinung. Das Visier seines Helms war heruntergeklappt. Entschlossen hielt er die Lanze im Anschlag.

„Auf der rechten Seite: Ritter Richard von Drachenstein!"

Vom Rücken seines prächtigen Pferdes aus blickte Richard in die Menge. Die Leute jubelten ihm zu und riefen immer wieder: „Ritter Richard! Ritter Richard! ..." Das machte ihm Mut. Er schloss das Visier und hob die Lanze.

Amalia mochte kaum hinunterschauen. Jeder Ritter stand in einer Ecke, die langen Lanzen aufeinander- gerichtet.

Schließlich erhob sich der Kaiser. „Ich erkläre das Turnier für eröffnet!", rief er.

Die Herolde bliesen in ihre Fanfaren. Als der letzte Ton verklang, gaben die Ritter ihren Pferden die Sporen und jagten im Galopp aufeinander zu.

„Oh nein", dachte Amalia. „Er wird die Augen wieder schließen …"

Aber Ritter Richard sah genau hin – und duckte sich im richtigen Moment zur Seite. Rassos Lanze verfehlte ihn!

Wieder musste jeder in seine Ecke. Erneut ertönte das Signal. Ritter Rasso zielte jetzt tiefer. Er wollte seinen Gegner unbedingt vom Pferd stoßen. Doch auch dieses Mal war Richard schneller.

Rasso fluchte. Beim dritten und letzten Durchgang ließ er die Lanze hin- und herpendeln. So konnte dieser Feigling ihm bestimmt nicht mehr ausweichen!

Doch damit hatte Richard gerechnet. Hinter seinem Visier schmunzelte er. Dann bog er sich so weit nach hinten, dass der Federbusch seines Helms den Rücken des Pferdes berührte. So beweglich und geschickt war er in seiner neuen Rüstung. Rasso von Rattenfels dagegen konnte sich kaum rühren in seinem eisernen Harnisch. Seine Lanze zischte über Richard hinweg! Damit endete der erste Kampf unentschieden.

Die Drachensteiner jauchzten vor Freude und auf den Gesichtern einiger Rattenfelser sah man ein verschmitztes Lächeln.

Rasso von Rattenfels schäumte vor Wut. Doch er war sicher, dass er die zweite Disziplin, den Kampf mit dem Schwert, ganz leicht gewinnen würde. Schon brachten die Knappen ihren Herren die Schwerter.

Ritter Richard zitterte am ganzen Körper, als er Rasso von Rattenfels gegenüberstand. Mit nur einem einzigen Hieb wollte Rasso ihm das Schwert aus der Hand schlagen und ihn zu Boden werfen. So geschah es dann auch. Ritter Richard war geschlagen im ersten Gang.

Aber es gab ja noch zwei weitere Durchgänge! Nun sollte Kaspar für ihn kämpfen. Immerhin hatte sich Richard der Herausforderung gestellt. Schwertkampf war einfach nicht seine Stärke.

„Im zweiten Durchgang soll mein Neffe für mich antreten", sagte er laut.

Rasso von Rattenfels grinste nur verächtlich. Er hielt sich für den besten Schwertkämpfer weit und breit. Was konnte der junge Kaspar ihm anhaben?

Kaspar und Rasso standen sich mit erhobenen Schwertern gegenüber. Durch die geschlossenen Visiere starrten sie sich grimmig an. Da gab der Herold das Signal. Beim letzten Fanfarenklang klirrten die Klingen aufeinander.

Geschickt wich Kaspar den harten Schlägen seines Gegners aus. Erneut holte Rasso aus: Dieser Schlag sollte der letzte sein. Doch Kaspar duckte sich und schlug sofort zurück. Damit hatte Rasso nicht gerechnet. Er verlor das Gleichgewicht und fiel zu Boden.

Da lag er nun in seiner eisernen Rüstung auf dem Rücken, hilflos wie ein Käfer. Kaspar hielt ihm die Klinge an die Kehle. Was blieb Ritter Rasso anderes übrig, als seine Niederlage einzugestehen?

Das Burgfräulein Amalia sprang auf und tanzte vor Freude. Ihre Hände waren vor Aufregung feucht geworden.

Die hochnäsige Fiona verzog ihr Gesicht, als hätte sie in eine Zitrone gebissen. Ihr Kopf wurde knallrot vor Wut.

Der letzte Durchgang musste über Sieg oder Niederlage in dieser Disziplin entscheiden. Noch einmal machten die Ritter sich bereit. Dieses Mal sollte Rasso einen Kämpfer auswählen, der gegen Richard antreten musste. So war die Regel.

„Ich brauche keine Hilfe!", rief Ritter Rasso in die Menge. Er duldete niemanden neben sich. Den Ruhm des Sieges wollte er mit keinem teilen.

„Das geht nicht", sagte der Kaiser. „Die Regeln sind festgelegt. Wähle einen deiner Leute aus, Ritter Rasso von Rattenfels!"

Ritter Rasso knirschte mit den Zähnen. Wie sollte er jemanden auswählen? Er kannte seine Leute kaum. Ratlos schaute er in die Runde.

„Du da", sagte er barsch zu einem großen Kerl. „Wie heißt du?"

„Ich werde Franz der Starke genannt", antwortete der Mann. Er war offensichtlich wenig begeistert, dass die Wahl ausgerechnet auf ihn gefallen war. Er sollte für Rasso kämpfen? Für seinen verhassten Herrn? Doch ihm blieb nichts anderes übrig.

Wenig später stand er Ritter Richard mit
Schwert und Schild gegenüber.

Franz der Starke war zwar wirklich stark, aber
nicht sehr geschickt. Und er hatte auch über-
haupt keine Lust, für seinen Herrn irgendetwas
zu machen. Er fand Ritter Richard viel netter. Der
war stets zu allen freundlich. Und wie der singen
konnte! Ritter Richard war sicher ein besserer
Herr. Also kämpfte Franz nur, weil es ihm befohlen
wurde. Aber er gab sich keine Mühe.

Der Kampf war kurz. Ein heftiger Schlag gegen
den Schild genügte, um Franz den Starken aus
dem Gleichgewicht zu bringen. Erst schwankte er
nach rechts, dann nach links. Mit seinem kleinen
Bäuchlein gab Ritter Richard ihm noch einen
leichten Stoß. Das genügte. Wie ein Kartoffel-
sack plumpste Franz zu Boden.

Die Fanfaren erklangen. Ritter Richard hatte
gewonnen! Er klappte sein Visier hoch und
strahlte vor Freude. Dann
streckte er dem riesigen
Franz die Hand hin, um
ihm aufzuhelfen. Puh, war
der schwer!

„Zwei zu eins, damit geht der Sieg in dieser Disziplin an Ritter Richard", verkündete der Herold.

Ritter Rasso lief vor Zorn knallrot an und brüllte wie ein Ochse. Doch sein Wutgeschnaube ging im allgemeinen Jubel der Drachensteiner unter.

9. Kapitel
Klarer Sieg

Richard von Drachenstein und Rasso von Rattenfels zogen ihre Rüstungen aus. Der dritte Teil
des Turniers war der Wettbewerb im Singen und
Dichten. Dazu kleideten sie sich in ihre Fest-
gewänder. Sie waren aus Samt und Seide und
leuchteten in bunten Farben.

Ritter Rasso bestand darauf, als Erster sein Lied vorzutragen. Er holte tief Luft, begann zu singen und – die Zuhörer hielten sich die Ohren zu. Sein zusammen- geschusterter Text und seine krächzende Stimme waren nicht zu ertragen. Selbst seine Tochter Fiona verzog ihr Gesicht.

Als das Lied zu Ende war, klatschten die Zuschauer. Allerdings nur, weil sie froh waren, dass die Qual endlich vorbei war.

Nun war Ritter Richard an der Reihe. Dort stand er in samtenem Wams mit seidenen Bein- kleidern. Die Drachensteiner waren sehr stolz auf ihn. Er sang so schön und klar, dass Amalia fast

die Tränen kamen.
Ganz leise fing
Knappe Fridolin
an mitzusummen.
Nach und nach
hörte man einen
herrlichen Chor aus
vielen Stimmen.
Das waren die
Drachensteiner, die
Richards Gesang
begleiteten.

Und Ritter Richard
beendete den Vortrag
mit seinem Lieblingslied:

„Oh, ich liebe Frauen, Kinder,
Männer, Blumen, Berge, Rinder.
Singe für den neuen Tag!
Was er uns wohl bringen mag?"

Als das Lied zu Ende war, schrien die Drachensteiner laut „Hurra!" – und die Rattenfelser mit
ihnen. Denn allen war klar, wer diesen Durchgang

gewonnen hatte. Und damit das ganze Turnier!
Die Rattenfelser mussten sich nun nicht mehr vor
Rasso und Fiona fürchten. Sie gehörten jetzt zu
Ritter Richard!

Richard verbeugte sich. Mit einer Hand-
bewegung gab er den Applaus an das Publikum
weiter.

Der Kaiser stand von seinem Thron auf. Mit feierlicher Stimme sagte er: „Der Sieger dieses Turniers ist Ritter Richard, der Herr von Burg Drachenstein."

„Ich protestiere", krähte Ritter Rasso immer wieder. Er ballte die Fäuste und stampfte vor Zorn auf den Boden.

Doch es half nichts: Rasso von Rattenfels hatte auf ganzer Linie verloren.

Da erhob der Kaiser noch einmal seine Stimme und sagte: „Ritter Richard hat uns gezeigt, dass Zusammenhalt wichtig ist. Jeder hat seine Stärken und gemeinsam ist man doppelt so stark. Deshalb ist Richard von Drachenstein der klügste Ritter weit und breit."

Wieder klatschten die Menschen und riefen begeistert: „Hoch lebe er! Ritter Richard lebe hoch!"

Plötzlich sprang Bauer Friedrich vor und verkündete feierlich: „Wir haben ein Geschenk für unseren Herrn."

Wie der Blitz spannten die Drachensteiner eine Schnur quer über den Turnierplatz. Und an der Schnur baumelten viele leckere kleine Würstchen!

Ritter Richard rieb sich den Magen. Nach dem anstrengenden Turnier hatte er einen riesigen Appetit. Wie gut ihn seine Drachensteiner doch kannten!

„Wer mag, kann sich eins schnappen!", rief er.
Einige sprangen schon auf, auch er selbst.

Da hob der Kaiser seine Hand. Er hatte noch
etwas zu sagen: „Nicht nur Ritter Richard hat
heute sein Können gezeigt. Auch Kaspar der
Kämpfer hat sich tapfer geschlagen. Deshalb
erkläre ich ihn zum mutigsten Mann des heutigen
Turniers. Er hat seinem Onkel furchtlos bei-
gestanden. Dafür soll er belohnt werden."

Der Kaiser wandte sich an Kaspar: „Lieber
Kaspar, ich will dich zum Ritter schlagen. Bitte
knie nieder."

Kaspar wusste gar nicht, wie ihm geschah.
Zittrig verbeugte er sich vor dem Kaiser.

Es war ganz still auf den Tribünen.

„Hiermit schlage ich dich zum Ritter", sagte der
Kaiser feierlich. Mit seinem
Schwert berührte er
erst Kaspars rechte
Schulter, dann seine
linke. „Du darfst nun
aufstehen, Ritter
Kaspar", forderte er
ihn schließlich auf.

Ritter Richard umarmte seinen Neffen. „Ein Schwert hast du ja schon", sagte er fröhlich und gab Kaspar das Schwert zurück.

Das war zu viel für Ritter Rasso und seine
Tochter Fiona. Zähneknirschend verließen sie
den Turnierplatz. Doch das merkte keiner. Denn
nun machten sich alle über die leckeren Würstchen her und jubelten bis tief in die Nacht über

ihre Helden: Über Ritter Kaspar und natürlich über ihren Ritter Richard von Drachenstein, der den Sieg über Rasso von Rattenfels errungen hatte – mit seinem schlauen Kopf und seinem guten Herzen.